특종!
수상한 기자들

Les journalistes nous cachent-ils des choses ?,
by David Groison and Pierangélique Schouler and illustrated by Ronan Badel
© Actes Sud, France, 2017
All Rights Reserved
Korean translation ©2018 by Noransangsang
Korean translation rights arranged with Actes Sud
through Orange Agency

특종! 수상한 기자들

기자들은 우리에게 뭔가 숨기고 있다

글 다비드 그루아종·피에랑젤리크 슐레
그림 로낭 바델 | 옮김 권지현

"나는 언론과 전쟁 중이다.
기자들은 지구상에서 가장 부정직한 인간들이다."

도널드 트럼프

내가 생각하는 것

내가 말하고 싶어 하는 것

내가 말하고 있다고 믿는 것

내가 말하는 것

그대가 듣고 싶어 하는 것

그대가 듣고 있다고 믿는 것

그대가 듣는 것

그대가 이해하고 싶어 하는 것

그대가 이해하고 있다고 믿는 것

그대가 이해하는 것

내 생각과 그대의 이해 사이에

이렇게 열 가지 가능성이 있기에

우리의 의사소통에는 어려움이 있다.

그렇다 해도 우리는 시도를 해야 한다.

베르나르 베르베르, 《베르나르 베르베르의 상상력 사전》
이세욱, 임호경 옮김, 열린책들, 2011

차례

기자들이 하는 말을 믿어도 될까요? • 10

기자들은 우리에게 뭔가 숨기고 있나요? • 13

기자들은 취재원에게 돈을 주고 인터뷰하나요? • 16

기자들은 어떻게 정보를 찾아요? • 19

직접 찾아야 하는 정보들은 어떻게 찾아요? • 22

기자들은 생각이 다 비슷한가요? • 27

1면 기사는 누가 정해요? • 30

불확실한 표현은 왜 쓰는 거예요? • 36

기자들에게는 독립성이 있나요? • 42

빠른 기자가 최고의 기자일까요? • 45

왜 텔레비전에는 늘 똑같은 전문가만 나와요? • 49

기자들은 언제나 자신의 의견을 내나요? • 52

신문사는 어떻게 돈을 벌어요? • 54

인터넷 기사는 종이 신문 기사보다 못한가요? • 57

기자들은 다루는 주제를 훤히 꿰고 있나요? • 60

기자들은 모두 진보적인가요? • 64

기자들은 돈을 잘 버나요? • 66

기자들은 객관적인 사실만 전달하나요? • 69

왜 신문에는 안 좋은 기사가 많을까요? • 72

왜 똑같은 뉴스가 반복되어 나오나요? • 78

기자들은 왜 실수를 할까요? • 82

기자가 뉴스를 놓칠 수도 있나요? • 86

기자들도 검열을 당하나요? • 88

신문에는 왜 어려운 말이 많을까요? • 92

여론 조사를 믿어도 될까요? • 94

'대안적 사실'은 존재하나요? • 101

진짜 뉴스와 가짜 뉴스를 어떻게 구별하지요? • 105

내 허락 없이 신문에 내 사진이 나올 수 있나요? • 112

언론은 사건의 모든 걸 다 보여 줘야 할까요? • 114

조작된 사진인지 아닌지 어떻게 알아요? • 116

우리는 어떤 미디어를 봐야 할까요? • 120

기자들이 하는 말을 믿어도 될까요?

● 윤리 강령이란 어떤 조직이나 단체가 사회적인 책임과 윤리적 책임을 다하기 위해 만든 규범이에요.

네. 예를 들어 어떤 친구가 외계인을 봤다고 페이스북에 거짓말을 올렸다고 해 볼까요? 이런 경우는 사회적으로 아무 문제가 되지 않아요. 그러나 기자는 그러면 안 되지요. **기자는 윤리 강령˚을 지켜야 하니까요. 윤리 강령을 지키지 않으면 벌을 받을 수도 있어요.** 1971년, 독일에서 유럽 기자 연맹이 선언한 〈뮌헨 헌장〉에는 '출처가 알려진 정보만 발표하고, 정보를 신중하게 다룰 것'이라는 내용이 있어요.

그런데 만약 기자가 외계인을 실제로 봤다는 목격담을 듣고 기사를 쓴다면 어떨까요? 기자는 한 목격자의 이야기만 듣고 기사를 쓰지 않아요. 같은 시간, 같은 장소에 있었던 다른 사람들의 증언도 들어야 하지요. 또 관련 기관에도 "외계인이 목격된 시간과 장소에서 이상한 현상이 관찰되었나요?"라고 문의해 볼 수도 있어요. 그뿐만 아니라 신문사의 문서 관리

담당자에게 외계인 출현에 관한 기록을 찾아봐 달라고 물어봐요. 기자는 모든 정보를 모은 다음에야 기사를 쓴답니다.

이렇게 기사를 다 쓰고 나면 동료 기자들에게 읽어 보라고 전달해요. 기사를 건네받은 사람 중 교정을 맡은 사람은 맞춤법과 문법이 틀리지 않았는지 확인하고 정보가 확실한지도 확인해요. 만약 관측소가 이상한 빛을 관측했다는 내용이 있다면 교정 기자는 기자에게 더 정확한 정보를 요청할 수 있어요. "어느 도시에 있는 어느 관측소인가요? 그 현상에 대해 보고서가 발표되었나요?" 그리고 마지막에 편집국장은 이 기사를 신문에 실을지 말지를 결정해요.

이처럼 여러 취재원의 목격담을 바탕으로 사건의 사실을 확인하고, 여러 기자가 함께 기사를 완성하는 것에 신문의 진짜 가치가 있어요.

● 교정이란 잘못된 글을 바르게 고쳐 쓰는 것을 말해요. 각 언론사에는 교정 전문 기자가 있어요. 편집자라고도 하지요.

● 편집국장이란 신문, 프로그램, 잡지 등의 책임자예요. 기자들로 이루어진 편집국을 지휘하고, 취재할 기사를 결정하며, 최종 결과물에 대한 책임도 갖고 있어요.

기자들은 우리에게 뭔가 숨기고 있나요?

맞아요. 사실 기자들은 그래야만 해요. 〈뮌헨 헌장〉에서도 기자는 '**개인의 사생활을 보호해야 한다**'고 말하고 있거든요. 만약 한 기자가 어떤 유명인이 연인과 데이트하는 장면을 보았다고 해도 기자는 그것을 마음대로 기사로 쓸 수 없어요. 또한 '**직업상의 비밀을 유지하고, 비밀리에 얻은 정보의 출처는 누설하지 않아야**' 해요. 예를 들어 어떤 직장인이 회사의 비리를 폭로했을 때나, 어떤 정당˙의 당원˙이 부패를 목격하고 관련 서류를 언론사에 보냈을 때, 기자는 정보를 제공한 사람들의 이름을 밝혀서는 안 돼요.

또 기자는 공공의 이익을 위해서 비밀을 지켜야 할 때도 있어요. 2015년 11월 18일, 프랑스 생드니의 한 아파트에 숨어든 테러리스트들을 잡으려고 경찰이 출동했던 때였어요. 그런데 이때 경찰에게 문제가 생겼어요.

● 정당이란 어떤 정치적인 주장이나 생각이 같은 이들이 모여 조직한 단체예요.
● 당원은 그 정당의 구성원인 사람을 말하지요.

특종! 수상한 기자들

초기 대응에서 총을 지나치게 많이 쏘아 댄 바람에 30분 만에 총알이 바닥난 거예요. 테러리스트들에게 방어도 공격도 못하는 상태가 몇 분이나 계속되었지요. 경찰은 조직범죄 전담팀이 현장에 도착하고 나서야 총알을 보충할 수 있었어요.

프랑스의 한 라디오 기자들은 생방송 도중에 경찰의 총알이 바닥났다는 정보를 알게 되었어요. 그러나 기자들은 테러리스트들과 공범들이 라디오를 들을 수도 있겠다고 판단하고 뉴스를 내보내지 않았어요. 라디오 뉴스로 경찰의 총알이 떨어졌다는 소식을 듣게 된 테러리스트들이 반격에 나설 수도 있으니까요.

반대로 어떤 방송사의 한 기자는 2015년 1월 9일, 파리의 상점에서 인질극이 벌어졌을 때, 인질 한 명이 상점의 냉동 창고에 숨어 있다는 사실을 발표했어요. 범인은 이 소식을 바로 들었고, 이 바람에 냉동 창고에 숨었던 인질은 죽임을 당할 뻔했어요. 이 방송사는 '인질들의 생명과 존엄성, 안전에 비극적인 결과를 가져올 수도 있는 정보를 뉴스로 내보낸 큰 잘못을 저질렀다'면서 사과했지요.

기자들은 취재원에게 돈을 주고 인터뷰하나요?

아니요. 돈을 주지는 않아요. 취재에 응하는 사람이 편안한 상태에서 대답할 수 있도록 식당이나 카페에서 음식을 대접하며 인터뷰할 때는 있지만요. 그리고 아주 예외적이지만 취재원에게 선물을 하는 경우도 있어요. 프랑스의 한 로마 특파원●은 교황에게 "교황님, 인터뷰를 선물로 시작할까요, 아니면 사진 촬영으로 시작할까요?"라고 첫 질문을 던졌다고 해요. 교황을 인터뷰할 때는 선물을 하는 게 전통이거든요. 특파원은 한 성녀의 초상화를 교황에게 선물로 건넸고 프란치스코● 교황은 선물에 아주 만족했답니다. **하지만 기자들은 원칙적으로 취재원에게 선물을 하지 않아요. 돈은 더더욱 주지 않지요.**

그런데 프랑스의 한 기자는 이 규칙을 깼다고 해요. 코소보 출신의 고등학생 레오나르다에게 인터뷰 대가로 50유로

● 특파원은 어떤 도시나 나라에 인터뷰나 취재를 하기 위해 편집국에서 보낸 기자를 가리켜요.

● 프란치스코 교황은 제266대 교황으로 많은 이들의 존경을 받고 있어요.

를 건넨 것이지요.

 레오나르다는 수학여행을 가던 버스 안에서 프랑스 경찰에게 잡혀갔던 사건의 주인공이었어요. 레오나르다가 체포되어 코소보로 추방당했다는 소식은 모두에게 충격이었어요. 기자는 레오나르다를 만나기 위해 코소보로 떠났어요. 하지만 인터뷰 요청을 워낙 많이 받았던 레오나르다의 가족은 돈을 주는 기자에게만 인터뷰를 해 주겠다는 조건을 내걸었어요.

 기자는 망설이다가 편집국장에게 전화를 걸었어요. 두 사람은 결국 레오나르다에게 50유로를 주기로 했고, 그 대신에 기사에 돈을 주었다는 사실을 밝히기로 했어요. 하지만 기사는 사람들의 비판을 받았어요. 이처럼 체포된 사람이나 사고 목격자에게 돈을 주기 시작한다면 그들이 진실을 말하는지 어떻게 알 수 있느냐면서요. 돈 때문에 아무 이야기나 지어낼 수도 있으니까요.

기자들은 어떻게 정보를 찾아요?

기자가 가만히 있어도 저절로 알게 되는 정보들이 있어요. 모두 그렇진 않지만 큰 규모의 방송국이나 신문사의 업무 공간에는 프랑스의 통신사 AFP나 영국의 로이터 같은 큰 통신사들이 보내는 뉴스가 컴퓨터 화면에 저절로 뜨도록 만들어 놓았어요.

통신사는 수많은 기자를 고용해요. 그리고 각 기자가 아주 작은 분야만 맡아서 취재하지요. 반대로 잡지사 기자는 혼자서 정치 분야를 다 맡아야 해요. 일간지 기자는 진보나 보수 중 하나만 맡는 식이고요. 그런데 통신사 기자는 하나의 정당이나 한 명의 정치인만 담당해요. 따라서 통신사가 더 많은 정보를 알게 되겠지요?

통신사 AFP는 직원이 2,200여 명이고 그중 기자가 1,500여 명이에요. 잡지사보

● 통신사는 아주 많은 기자를 전 세계로 보내고, 각 분야의 전문 기자들을 많이 둬서 라디오, 텔레비전, 인터넷 사이트에 뉴스를 전달하는 조직이에요.

● 일간지는 매일 발행되는 신문을 말해요. 우리나라로 치면 《경향신문》, 《국민일보》, 《한겨레》 등이 있어요.

다 적게는 100배, 많게는 1,000배 높은 숫자지요. 많은 언론사가 통신사에 가입되어 있어요. 유료 서비스를 통해서 모든 주제에 관한 소식을 빠르게 받아 볼 수 있답니다.

기자는 유튜브, 트위터, 페이스북에 올린 아마추어들의 글도 들여다봐요. 기자도 우리처럼 SNS(소셜 네트워크 서비스)에 가입해서 뉴스, 사진 등을 보는 거예요. 또 유명인, 도시, 기관 등을 계속 검색해서 관련 이슈를 확인하지요.

다른 미디어도 정보를 줘요. 편집국은 많은 신문을 구독하고, 라디오와 텔레비전을 항상 틀어 놓고 다른 미디어에서 하는 말에 눈과 귀를 열어 두어요. 그래야 아이디어를 얻을 수 있고, 정보를 놓치지 않을 수 있으니까요.

보도 자료도 살펴봐요. 신문에 메시지를 싣고 싶어 하는 사람도 많거든요. 그런 사람들은 이메일이나 우편으로 기자에게 보도 자료를 보내요. 예를 들어 개봉 영화나 새로 나온 책 소개, 프로 선수의 팀 이적 소식을 알리지요.

● 보도 자료는 각종 언론사에 보도를 요청하기 위해 만든 자료를 말해요. 보통 기업이나 공공 기관에서 자신들의 입장을 발표하거나, 홍보를 위한 목적으로 언론사에 보도 자료를 보내곤 해요.

직접 찾아야 하는 정보들은 어떻게 찾아요?

여러 가지 방법이 있지만, 직접 정보를 찾아보기 위해선 조금 더 많은 시간과 노력이 필요해요.

먼저 기자는 기자 회견에 참석할 수 있어요. 예를 들어 국가 대표 축구팀의 감독이 선발팀을 발표하려고 기자 회견을 열어요. 그러면 축구팀 관계자가 기자들에게 장소와 날짜 등의 정보를 알려요. 참석한 기자들은 감독의 발표를 듣고 궁금한 내용을 질문할 수 있지요.

토론회나 강연회에 가면 기자가 원하는 정보나 각 분야의 전문가들을 만날 수 있어요. 그곳에서 새로운 아이디어도 얻고, 새로운 사람들도 만날 수 있지요. 전문가를 인터뷰하거나 모임에 가입할 수도 있고, 전문가들의 대화도 들어 볼 수 있어요.

홍보 취재를 할 수도 있어요. 예를 들어 어떤 원자력 기업이 방사능 폐기물을 매립할 마을로 기자들을 초청했다고 생각해 봐요. 기업은 기자들의 교통비, 숙박비, 식비를 내줄 거예요. 물론 여기에서 기자가 얻을 수 있는 정보는 완벽하지 않아요. 객관적인 정보보다는 원자력 기업의 입장만을 알 수 있을 뿐이지요. 그러나 기자가 다른 정보를 원한다면 기업의 관점●에 반대하는 사람들을 추가로 인터뷰할 수도 있겠지요?

또 기자는 보고서, 연구 논문, 자료집을 읽어 볼 수도 있어요. 가장 기본이 되는 정보들을 찾을 수 있으니까요. 여러 전문가가 한 가지 주제를 오랫동안 연구한 결과에는 앞으로 확인해야 할 여러 가지 가정과 또 한 번도 발표되지 않은 새로운 정보가 담겨 있어요.

전문 잡지도 도움이 되지요. 연구자들이 새로운 과학적 발견을 하면 논문을 써서 같은 주제를 연구하는 사람들에게 보여 주고, 토론하기도 해요. 그리고 동료 연구자들이 이 과학적 발견이 세상을 발전시킬 연구라는 평가를 하면 논문은 《사이언스》나 《네이처》 같은 전문 잡지에 실려요. 일반인이 읽기에는 어렵지만, 기자에게는 정보를 골라내는 첫 단계에

● 기자에게 관점이란 주제에 접근하는 방식이에요. 기자가 기사를 쓰면서 답을 찾아야 하는 질문이지요.

서 도움이 된답니다.

경찰 보고서나 법원 기록을 손에 넣기도 해요. 기자들은 이런 자료에서 흥미로운 사연을 캐내요. 테러리스트들이 범죄를 저지른 이유나 살아온 과정을 보여 주는 기사의 대부분은 경찰 보고서와 심문 조서를 보고 쓴 거예요. 또 이런 자료에서 IS˙의 조직원이 누구인지 알려 주는 정보를 찾을 수도 있어요.

정보를 줄 수 있는 사람과 좋은 관계를 맺는 것도 좋아요. 정치인, 과학자, 기업가뿐만 아니라 테러리스트들까지 말이에요. 프랑스 기자인 다비드 톰슨은 오랫동안 이슬람 지하디스트˙들에 대해서 취재했어요. 하루 24시간을 바칠 정도로 열심히 취재했지요. 시리아에서 돌아온 지하디스트들을 직접 만나서 취재를 한 프랑스 기자는 그가 거의 유일했어요. 그는 취재원들과 신뢰를 쌓았고, 취재원들도 그가 자신들의 말을 왜곡하지 않으리라는 걸 잘 알고 있었어요.

마지막으로 홍보 담당자에게 취재 요청을 할 수도 있어요. 예를 들어 영화배우 에마 왓슨에게 겨우 질문 세 가지를 하려고 직접 전화를 하기는 어려워요. 그럴 때는 그녀가 주연한 영화의 홍보 담

● IS란 이슬람 테러 단체로 종교적 이유로 전 세계에 테러 공포를 안겨 주고 있어요.

● 본래 지하드란 종교적 의미를 뜻하는 말로, 아랍어로는 투쟁, 저항을 뜻하는 말이었어요. 그러나 이슬람 테러 단체 IS, 알카에다와 같이 극단적인 단체가 테러를 저지르며 '지하디즘'이라는 말이 게릴라 전쟁을 뜻하는 단어로 여겨지게 되었지요. 지하디스트는 지하디즘을 이념으로 삼는 사람들을 의미해요.

당자에게 연락하면 돼요. 에마 왓슨을 만나고 싶은 이유를 설명하고 약속을 잡아요. 인터뷰를 몇 쪽 분량으로 쓸 건지, 표지에 실을 건지도 미리 말할 수도 있어요. 그러면 홍보 담당자는 약속을 잡아 줄 거예요. 물론 실패할 수도 있지만요.

기자들은 생각이 다 비슷한가요?

아니에요. 신문 가판대 앞을 지나가다 보면 '앗, 다들 마크롱 대통령˚을 지지하는군', '다들 영화 〈라라랜드〉를 좋게 평하네', '다들 트럼프 대통령˚의 말에 충격을 받았어'라고 생각할 수 있어요.

하지만 기자들과 이야기를 나눠 보면 생각이 다 같지는 않다는 걸 알 수 있지요. 기자들끼리도 의견을 나누고, 토론하고, 각자의 주장을 내세워요. 명절에 가족이 모여 이야기 나누는 것처럼 말이에요. 같은 신문사 안에서도 기자들의 생각이 다 다를 수 있어요.

2013년 6월, 미국의 신문사인 워싱턴 포스트의 기자들은 미국 정보국이 전화 통화, 이메일, 인터넷에서 오가는 메시지를 감시한다고 폭로했어요. 범죄를 계획하는 것으로 의심되는 사람뿐만 아니라 평범한 시민도 감시했다고요. 판사의 허

● 에마뉘엘 마크롱은 프랑스의 제25대 대통령이에요.
● 도널드 트럼프는 미국의 제45대 대통령이에요.

특종! 수상한 기자들

● CIA는 미국의 중앙정보국을 말해요. 대통령 직속의 국가 정보기관이지요. 세계에서 가장 큰 정보 조직으로 알려져 있어요.

락도 없이 말이지요.

이 사실을 폭로한 사람은 CIA에서 일했던 컴퓨터 전문가 에드워드 스노든이었어요. 그는 자신이 알아낸 사실에 충격을 받고 기자들에게 연락했어요. 자신의 주장을 뒷받침할 증거도 보여 주었고

요. 그의 폭로는 전 세계적으로 떠들썩한 뉴스가 되었어요. 그러나 그는 반역죄로 수배되어 미국을 떠날 수밖에 없었지요.

● 버락 오바마는 미국의 제44대 대통령이에요.

　당시 미국 대통령이었던 버락 오바마는 전자 감시를 규제할 법을 마련해야 했어요. 워싱턴 포스트는 이 기사 덕분에 2014년에 퓰리처상을 받았고요.

　그런데 워싱턴 포스트는 한편으로 2017년 12월, '에드워드 스노든에게 사면은 없다'라는 제목의 기사를 내보냈어요. 기자들은 '에드워드 스노든이 CIA의 해외 작전을 떠벌리는 바람에 국가 안보에 엄청난 손해를 보았다'라고 주장했어요. 어떤 기자들은 동료 기자들에게 사실을 털어놓은 그의 처벌을 원했던 거예요. 같은 신문사 안에서도 서로 다른 주장이 팽팽하게 맞섰지요.

특종! 수상한 기자들　29

1면 기사는 누가 정해요?

　　기자들은 1면 기사를 정하기 위해 네 가지 기준을 바탕으로 정보의 중요도를 평가해요.

　　정보가 맞는지 확인했나요? 정보가 사실이라고 확신하나요?

　　새로운 정보인가요? 선거나 경기 결과라면 새로운 정보가 틀림없지요. 하지만 그렇다고 단정하기 힘든 정보도 있어요. 어떤 과학적 연구가 정말 새로운 내용을 담고 있나요? 자신의 법안을 주장하는 장관은 정말 새로운 논리를 펴나요? 이 비디오 게임은 그냥 업데이트 버전인가요, 아니면 완전히 새로운 버전인가요?

　　이 뉴스가 사회 전체에 어떤 영향을 줄까요? 예를 들어 교통사고는 분명 비극적인 사건이에요. 과속으로 부상당한 사람의 가족과 지인들에게는 큰 사건이지요. 하지만 부상자를 모르는 사람들에게도 그 사건이 의미 있을까요? 음주 운전 등 사회 문제와 관련

● 1면은 일간지의 첫 페이지나 잡지의 표지를 말해요.

이 있다면 의미가 있을 수도 있어요.

이 뉴스가 대중의 관심을 끌고 흥미를 유발할 수 있나요? 독자들이 기사를 읽고 싶을까요? 시청자들이 뉴스를 끝까지 볼까요?

이 네 가지 기준을 기억한다면, 왜 프랑스 기자들이 2016년 여름 내내 '부르키니'에 대해 떠들었는지 이해할 수 있을 거예요. 부르키니는 머리부터 발끝까지 몸 전체를 가리는 여자

- 히잡은 이슬람교를 믿는 여성들이 쓰는 스카프예요. 얼굴만 남기고 머리카락을 모두 가리지요.
- 부르카란 이슬람교를 믿는 여성들이 입는 겉옷이에요. 머리부터 발목까지 온몸을 가리는 옷이에요.
- 국민전선은 프랑스의 민족주의 극우 보수 정당이에요.
- 공화파는 프랑스의 보수적인 성향을 가진 정당을 말해요.

수영복이에요. 이것은 새로운 뉴스였지요. 사람들은 히잡이나 부르카에 대해서는 많이 들어 봤지만, 전신 수영복인 부르키니는 낯선 말이었거든요.

프랑스 남부의 한 물놀이 공원에서 기획한 '부르키니의 날' 행사, 극우당인 국민전선과 공화파 의원들의 분노, 행사 취소, 해변에서 부르키니 착용을 금지한 시청, 니스의 해변에서 한 여성에게 히잡을 벗으라고 강요한 경찰, 부르키니 착용을 금지한 시의 결정이 불법이라고 판단한 다른 지방법원 등 부르키니에 관한 새로운 뉴스가 매일 이어졌어요.

여기에는 의미가 있었어요. 부르키니를 종교의 중립성이나 공존에 대한 공격이라 여긴 사람들이 있었거든요. 하지만 '공공의 질서를 위협'한다는 논리로 만들어진 반대 조치들이 지나치다고 본 사람들도 있었지요.

이렇게 기자들은 기사를 쓸 때마다 진실, 참신함, 의미와 흥미라는 네 개의 기준을 확인해요.

이것은 기자라는 직업이 그만큼 발전했다는 것을 보여줘요. 과거에는 정치인, 단체나 노조* 대표들이 하는 제안이나 반응을 기준으로 흥미 있는 기사가 무엇인지 결정했거든요. 요즘은 SNS에서 이루어지는 대화야말로 흥미를 판단하는 기준이 되었어요. 어느 물놀이 공원에서 부르키니가 허용된다는 뉴스가 쏟아진 것은 트위터에서 먼저 사람들의 분노가 폭발했기 때문이었어요. 트위터가 없었다면 이 행사는 물놀이 공원에서만 열리고 큰 논란 없이 끝났을지도 몰라요. SNS에서 일어난 과잉 반응을 일부 언론사가 정보 선별에 있어 가장 중요한 기준으로 삼았던 거예요. 그래서 인터넷 언론은 페이스북이나 트위터에서 이미 다뤄진 이야기를 주제로 기사를 쓰는 경우가 많아요. 그러면 의도하지 않게 특정 단체에 많은 힘을 실어 주기도 해요.

● 노조는 노동조합을 줄여 부르는 말이에요. 각 기업이나 지역, 사업별로 노동자가 사회적, 경제적 지위를 지키고 향상하기 위해 만든 단체이지요.

불확실한 표현은 왜 쓰는 거예요?

　　기사를 꼼꼼하게 뜯어보세요. 기사를 쓸 때는 동사를 현재형으로 쓸 때가 가장 많아요. '파리 생제르맹 FC, 최고의 선수를 잃다'와 같이 말이에요. 그리고 가끔은 과거형을 쓰기도 해요. '앙투안 그리에즈만 선수가 멋진 슛을 날렸다' 또 어쩌다가 불확실한 표현도 나와요. '비만은 유전으로 보인다' '프랑스 IS 조직원 모집 책임자 사망한 듯' '비타민 C는 암세포를 공격할 수 있는 것 같다', '카림 벤제마, 발부에나를 협박한 듯' 기자가 불확실한 표현을 쓰는 것은 정보가 100퍼센트 확실하지 않을 때예요.

　　사례 1 : '비만은 유전으로 보인다'

　　이 기사는 기자가 할 일을 제대로 하지 않은 경우였어요. 기자는 이 분야의 전문가가 아니었어요. 게다가 이 주제에 관한 논문도 다 읽지 않았지요. 비만에 유전적인 이유가 있다고 밝힌 의학 연구가 있었는데, 기자는 다른 의사들이 이 주장에

대해 어떤 생각을 하고 있는지도 몰랐어요. 그래서 불확실한 표현으로 문장을 썼어요. 아직 조사를 다 못했기 때문이었어요. 하지만 기자는 불확실한 표현을 써서라도 기사를 바로 내보내고 싶었을 거예요. 그래야 독자의 관심을 끌 수 있고, 동료들보다 앞서 나갈 수 있으니까요.

사례 2 : '프랑스 IS 조직원 모집 책임자 사망한 듯'

이 기사의 출처는 딱 한 개뿐이었어요. 기자가 이렇게 불확실한 문장을 썼던 이유는 미국 정부가 그렇게 발표했기 때문이었어요. 기자가 사건 현장에 없었다면, 원칙적으로는 IS 책임자들에게 확인해 보지 않고 기사를 쓸 수 없어요. 정보가 명확한지 확인하려면 한 개 이상의 출처가 필요하니까요. 하지만 기자는 미국의 발표를 듣자마자 기사를 썼어요. 이 소식은 중요한 사건이기 때문에 곧바로 기사를 내고 싶었던 거예요. 확인은 오래 걸릴 테고 속보는 신속하게 전달해야 주목받을 수 있으니까요.

사례 3 : '비타민 C는 암세포를 공격할 수 있는 것 같다'

이 경우에는 기자가 주제를 열심히 공부했지만, 정보를 믿지 못했어요. 비타민 C가 암세포를 공격한다는 연구 결과에 한계가 있다는 걸 알고 있었기 때문이에요. 과학자들의 어떤 연구는 다른 과학자들에 의해 계속 연구되고 비판받기도 해요. 또 암이 발생하는 데에는 다른 이유도 많고요. 그래서 기자는 정보에 대한 합리적 의심을 불확실한 표현으로 대신한 거예요.

사례 4 : '카림 벤제마, 발부에나를 협박한 듯'

이 기사에서는 기자가 자신을 보호하려고 애매한 표현을

썼어요. 프랑스의 축구 선수인 카림 벤제마가 다른 축구 선수인 발부에나를 협박한 것 같다고 애매한 표현을 쓴 이유는 사건 조사가 아직 진행 중이고, 카림 벤제마 본인이 협박 사실을 부인했기 때문이었어요. 만약 카림 벤제마가 무죄 판결을 받으면 기자는 이 기사 때문에 명예 훼손죄로 처벌받을 수도 있으니까요.

● 명예 훼손죄란 누군가 연예인, 정치인 혹은 평범한 시민과 같은 개인이나, 단체의 명예에 누가 되는 말을 했을 때 처벌받는 것을 말해요.

때때로 기자가 '~에 따르면'이라는 말을 쓸 때가 있어요. 이것도 불확실한 표현과 같아요. '발부에나에 따르면', '미국 정보국에 따르면', '트위터에 유포된 글에 따르면' 같은 말이 붙으면 그것은 사실이 확인된 정확한 정보가 아니에요.

이는 앞으로 이루어질 취재의 시작을 알리는 표시일 뿐이에요. 독자나 시청자가 더욱 정확한 뉴스나 기사를 원한다면 '~에 따르면'이라는 표현을 사용하지 않은 명확한 기사가 실릴 때까지 기다리는 게 좋아요.

기자들에게는 독립성이 있나요?

기자들은 독립성을 가지려고 노력해요. 〈뮌헨 헌장〉은 '대중에 대한 기자의 책임은 고용주나 공권력에 대한 책임보다 우위에 있다'고 말해요. 하지만 그건 이론일 뿐이에요. 기자가 자신이 소속된 신문사 사장에 대해 비판하는 글을 쓰기는 힘드니까요. 큰 용기가 필요한 일이지요.

프랑스의 일간지 《르 몽드》에는 사장의 사업에 관한 훌륭한 취재 기사가 실린 적이 있어요. 하지만 신문사 《르 파리지앵-오주르뒤 앙 프랑스》는 이 신문사를 소유한 사장이 해고한 노동자에 관한 다큐멘터리 〈고마워요, 사장님〉에 관한 비평 기사는 단 한 편도 없었지요.

기자들의 처지도 이해가 안 되는 건 아니에요. 자신에게 월급을 주는 사장님에 대해 쓴소리를 하려면 배짱이 필요하니까요.

문제는 언론사 사장이 책임이나 역할은 하지 않고, 사장

노릇만 할 때가 많다는 거예요. 어떤 사장은 신문도 발행하지만 의류, 이동 통신 서비스, 주택, 무기도 판매하는 거대한 그룹을 거느리지요. 많은 언론사가 부자들의 소유가 된 거예요.

그러면 기자는 사장에 대해 비판적인 기사를 쓰기 더욱 어려워져요.

그럼에도 불구하고 기자들은 독립성을 유지하려고 노력해요. 24시간 연속 뉴스 채널이었던 이텔레의 기자들은 독립성 보장을 위해 31일간 파업●을 했었어요. 아쉽게도 실패했지만요. 그래서 안정적인 일자리를 버리고 방송국을 떠난 기자들도 많았어요.

아직도 세계 곳곳에서는 언론사가 제대로 된 윤리 강령을 마련하고, 사장의 이익만 추구하는 일이 없도록 싸우고 있는 기자들이 많답니다.

● 파업은 노동자가 어떤 정치적 목적이나, 업무 환경 개선 등을 위해 집단으로 노동을 중지하는 일을 말해요.

빠른 기자가 최고의 기자일까요?

꼭 그렇지는 않아요. '**특종**'이란 기사를 맨 먼저 터뜨리는 **것을 말해요.** 기자라면 누구나 특종을 꿈꾸지요. 프랑스에서는 특종 이후에 나오는 기사에도 반드시 처음으로 특종을 터뜨린 기자의 이름을 넣어야 해요. 그래서 동료들은 특종을 잡은 기자를 축하해 주지요.

2017년, 프랑스에서 대통령 선거가 치러졌을 때, 《카나르 앙셰네》의 기자들이 한 대통령 후보의 부인이 의원실 비서로 고용되었다는 특종을 썼어요. 그녀는 월급으로 수만 유로를 받았는데, 실제로 그녀가 정말 의원실 비서로 일했는지는 알 수 없다는 내용이었어요. 그 이후로 그 사건을 보도하고 비평하고 정보를 추가한 신문도 있었지만, 독자들은 그런 신문사나 기자들을 기억하지 못했어요. 특종을 터뜨린 《카나르 앙셰네》만 기억했지요.

하지만 처음 기사를 내면 그만큼 잘못된 정보를 전할 위험도 커요. 2017년, 프랑스의 한 언론사는 어떤 정치인이 대선에 출마한다고 보도했지만 그는 고작 몇 분 뒤에 불출마를 선언했어요.

지진이나 집회를 취재하려고 먼 곳으로 급하게 취재를 떠나는 기자는 비행기에서 내리는 즉시 생방송을 하거나 기사를 작성해야 해요. 그래서 신문사에 남아 있는 기자들보다 정확한 추가 소식을 더 모를 수도 있어요. 제대로 취재를 시작도 못했는데, 사람들이 벌써 다 알고 있는 작은 정보에서 뭐라도 끄집어내서 말해야 하지요. 이런 경우에는 완벽한 정보가 담긴 기사를 쓰기 어려워요. 그렇다고 마냥 기다려야 할까요? 정보 확인에 많은 시간을 쏟으면 전쟁이 끝난 뒤에 뒤늦게 도착한 병사 꼴이 될 수도 있어요.

2015년 1월 7일, 프랑스의 한 방송국은 정오 뉴스에 샤를리 에브도˚ 테러 사건을 보도하지 않았어요. 그 대신 겨울 세일에 대한 기사를 내보냈지요. 그때 다른 모든 채널에서는 신문사에서 총성이

● 2015년, 프랑스의 주간지 《샤를리 에브도》 사무실에 일어난 테러 사건이에요. 《샤를리 에브도》가 무함마드를 비평하는 만평을 기재한 것에 대해 이슬람 극단주의 테러리스트들이 보복한 것으로 알려져 있어요.

울렸다는 소식을 전하고 있었어요.

　사실 가장 이상적인 기자는 빠르면서도 믿을 수 있는 기자예요. 물론 이런 조건이 때로는 모순적일 수밖에 없어요. 빨리 가려고 하면 확인할 시간이 없고, 모든 사실을 확인하려고 하면 꼴찌가 되고 마니까요.

왜 텔레비전에는 늘 똑같은 전문가만 나와요?

여러 가지 이유가 있어요. 일주일 전, 한 후보의 낙선을 예상했던 정치 기자들이 그 후보의 선거 승리에 대해 신나게 분석하기도 해요. 또 똑같은 경제학자들이 나와서 사람들이 반대하는 법이 왜 옳은지 설명하고, 똑같은 지정학자˚들이 방송 스튜디오를 누비지요.

토론 방송은 가장 흔한 방송 방식이에요. 테이블 하나에 사람들이 둘러앉아 이야기만 하면 되니까 제작비가 많이 들지 않거든요. 반면에 취재 방송은 훨씬 더 돈이 많이 들어요. 방송사는 기자들을 지구 반대편으로 보내서 기자들의 숙박비, 교통비, 식비를 부담해야 하니까요.

그런데 토론 방송의 출연자를 구하려면 전문가 중에서도 조명, 분장, 카메라에도 긴장하지 않고 술술 말할 수 있는 사람이 필요해요. 또 언제나 촬영이 가능하고, 방송국이 어디든 촬영장에 몇 분 안

● 지정학자는 정치, 지리 등을 연구하는 학자예요.

특종! 수상한 기자들 49

에 올 수 있는 사람이어야 해요. 그런 사람은 생각보다 많지 않아요. **그래서 이런 전문가를 한 명 알게 되면 기자들이 그 전문가의 연락처를 공유하기도 하지요.**

새로운 전문가를 찾으려면 시간과 노력이 필요하거든요. 연구 논문을 뒤져야 재능 있는 학자를 발굴할 수 있고, 강연회를 보러 다녀야 말 잘하는 전문가를 찾을 수 있어요. 일일이 전화를 걸어서 방송에 나올 수 있겠느냐, 촬영장에서 얼마나 멀리 사느냐, 출연료가 적거나 없어도 시간을 낼 수 있겠느냐 등을 확인해야 하고요. 또 촬영이나 녹음 당일에 갑자기 일이 생겨서 오지 못할 위험도 감수해야 해요.

기자들이 초대하는 사람이 누군지 잘 보세요. **처음 보는 전문가라면 새로운 목소리를 찾는 편집국의 노력을 지켜볼 만하지요.**

기자들은 언제나 자신의 의견을 내나요?

논설위원은 자신의 의견을 제시해요. 그게 논설위원이 하는 일이니까요. 논설위원은 적절한 의견을 내기 위해서 비공개 정보를 찾고, 정치인과 기업가를 만나서 그들의 전략과 동맹을 알아내요. 취재 기사를 쓰는 것이 아니라, 어떤 사건에 대한 의견을 제시하는 것이 논설위원이 하는 일이에요.

프랑스 주간지 《렉스프레스》의 논설위원은 이렇게 말했어요. "현장에 나가서 부딪히는 것은 논설위원의 정신을 오염시킵니다. 논설위원의 역할은 자신의 의견을 자신감 있게 제시하는 거예요. 논설위원이 강하게 확신을 내비치면 독자는 그것에 기대어 각자의 의견을 만들 수 있습니다."

그러나 기자의 99퍼센트는 의견을 제시하지 않아요. 일반 기자는 사건에 의견을 제시하지는 않거든요. 오히려 그 반대가 더 많지요. 논설위원이 아닌 기자는 선입견을 버리고, 귀

● 논설위원은 어떤 사건에 대해 의견이나 관점을 밝히는 기자를 말해요. 시사 문제를 논하거나, 언론사의 견해를 밝히지요.

기울여 듣고, 정보를 찾아야 합니다. 물론 취재가 끝난 다음 개인적인 의견을 갖는 건 막을 수 없지만 말이에요.

신문사는 어떻게 돈을 벌어요?

세 가지 방법이 있어요.

독자들이 거리에서 신문을 사거나 잡지를 구독하면 그렇게 모인 수입이 기자들의 월급으로 쓰여요. 그러나 독자들의 구매나 구독으로만 운영되는 신문사는 그렇게 많지 않아요.

광고는 신문사의 수입에서 많은 부분을 차지해요. 보통 전체 수입 중 3분의 1 정도지요. 여성 잡지의 경우는 더 많을 수도 있어요. 무료 신문과 일부 인터넷 신문은 광고비가 수입의 100퍼센트예요. 광고주는 광고를 싣는 신문의 지면, 인터넷 사이트의 광고창, 텔레비전 뉴스의 앞뒤 광고를 사지요.

요즘은 기사와 광고를 합친 '애드버토리얼'이나 온라인 콘텐츠와 브랜드를 연결한 '브랜디드 콘텐츠'를 요구하는

- 지면이란 기사나 광고, 글, 사진 등이 실리는 종이의 면을 말해요.
- 애드버토리얼이란 광고와 기사가 합쳐진 신조어예요. 기사 형태로 만들어진 광고로, 간혹 소비자들에게 광고인지 기사인지 헷갈리게 하는 위험도 있어요.
- 브랜디드 콘텐츠란 다양한 문화적 콘텐츠와 브랜드가 합쳐진 광고를 말해요. 어떤 콘텐츠 안에 브랜드의 메시지를 녹여 브랜드의 이미지, 인지도를 높이는 것을 목적으로 하는 광고예요.

광고주가 늘고 있어요. 기자들이 작성한 것처럼 보이는 평범한 기사나 영상이 사실은 광고인 것이지요. 로레알, 코카콜라, 나이키 등 어느 제품이나 브랜드에 대한 내용을 기사로 위장해서 광고하는 형식이에요. 이처럼 장르를 결합한 것이 문제가 되기도 해요.

또 미국 텔레비전 방송인 CBS의 사장은 시청률이 오르면 광고비도 오르기 때문에 도널드 트럼프의 모습을 자주 내보냈다고 인정했어요.

"돈이 흘러넘치고 재미도 있어요. 이런 현상은 내 평생 본 적이 없어요. 물론 시청자들에게는 안 좋겠지요. 시청자에게는 미안한 말이지만 힘내요, 트럼프! 계속해요!"

국가, 즉 국민이 내는 세금도 있어요. 공영 텔레비전과 라디오는 수신료를 거둬들여요. 해외 방송, 국회 방송도 국가에서 돈을 받지요. 이들뿐만이 아니에요. 프랑스 의회는 해마다 직접적인 보조금에 대해서도 결정해요. 광고비 수익이 적은 일간지와 공익을 추구하는 신문사를 돕는 거예요.

정부는 간접적으로도 도움을 주어요. 예를 들어 프랑스 우체국은 어떤 언론사에는 신문 배달료를 더 싸게 해 주기도 해요. 프랑스 정부는 신문사의 부가가치세를 낮춰 주고, 기자들에게는 소득 신고를 할 때 일정 금액을 공제해 주기도 해요. 기자들이 취재 활동을 하면서 쓰는 도서 구매비, 교통비를 비용으로 보는 것이지요.

인터넷 기사는 종이 신문 기사보다 못한가요?

때에 따라 달라요. 어느 정도의 돈을 내고 신문을 사면 신문이 값어치를 하리라고 생각하는 사람이 많아요. 또 같은 기사더라도 종이 신문의 기사가 인터넷 사이트 기사보다 더 나을 거라고 믿고요. 하지만 어떤 신문사는 오프라인과 온라인에 똑같은 기사를 싣기도 해요.

그런가 하면 **독자들의 구독료로 운영되는 인터넷 사이트에 훌륭한 취재 기사가 올라갈 때도 있지요.** 프랑스의 언론 사이트 '레주르.fr'의 기자들이 1년 동안 고등학교에 다니면서 취재한 기사나 사법 경찰 또는 화장품 산업의 이면을 취재한 기사 등은 훌륭했어요. 다른 일간지나 주간지에서는 볼 수 없는 완성도 높고 분량도 긴 기사들이었지요.

물론 온라인에서 형편없는 기사도 볼 수 있어요. 특히 광고로 운영되는 사이트일 때 더 심하지요. 책상에 앉아 5분 만에 쓴 기사이든, 몇 주를 뛰어다니며 쓴 기사이든, 어차피 광고료는 같으니까요. 그렇다면 언론사는 기자들에게 시간을 들여 취재하라고 할 필요가 없겠지요.

한 기자는 자신이 쓴 기사 중 가장 많이 읽힌 기사가 '루이지애나주에서 발견된 분홍 고래에 관한 기사'였고, 그 기사가 자신이 쓴 기사 중 가장 빨리 쓴 기사라고 밝혔어요. 기사를 쓰는 데 딱 20분 걸렸다고요.

이밖에 광고로 운영되는 인터넷 사이트에는 '당신은 조니 뎁이 무엇을 발견했는지 짐작조차 못 할 것이다'처럼 사람들이 클릭하고 싶게 만드는 낚시성 기사도 있어요.

최근 1년 동안 인터넷에 발표된 기사 전체에 대한 연구가 있었어요. 기사에서 남의 기사를 베낀 부분을 추적해서 분석했지요. 그러자 방금 터진 속보의 경우 전체 기사의 64퍼센트가 다른 기사를 그대로 베낀 것이었어요. 정말 놀라운 일이지요?

특종! 수상한 기자들

기자들은 다루는 주제를 훤히 꿰고 있나요?

꼭 그렇지는 않아요. 과학 기사를 다루는 기자들이 반드시 과학을 공부한 것은 아니에요. 경제에 관련된 기사를 쓰는 기자도 모두 다 경제를 전공하지는 않았고요. 공부를 한 사람이라면 더 좋을 수도 있지요. 기업의 활동 보고서를 읽을 줄 아는 기자라면 해당 기업의 사장이 기자를 속이려고 해도 속지 않을 테니까요.

편집국의 규모가 작을수록 기자에게 더 많은 역할이 주어져요. 하루는 칼레의 난민●들에 대해 다루는 기사를 써야 하고, 그다음 날에는 어느 상품의 세일에 대해서 말해야 해요. 어떤 때는 독자와 다름없는 수준으로 알고 있는 주제를 다루기도 하고요. 다만 독자보다 몇 시간이나 몇 분 더 빠르게 소식을 알 뿐이지요. 기자는 인터뷰 기술이나 자료 조사 능력이 더 탁월하지만 필요한 게 또 있어요.

● 난민이란 각 나라의 전쟁이나 정치적 상황 때문에 곤경에 빠진 이들을 말해요. 최근 많은 나라가 다른 나라의 난민을 받아들이는 문제로 인해 다양한 의견을 나누고 있지요.

특종! 수상한 기자들

기자들은 시간에 쫓기기 때문에 믿을 수 있는 취재원에게 의지하기도 해요. 똑같은 아이디어를 담고 있어도 어려운 숫자와 복잡한 수식으로 가득 찬 100쪽짜리 보고서보다 2쪽짜리 발표문이 좋을 수도 있어요. 그러나 발표문에는 목적이 있어요. 기업, 로비스트, 이익 단체 등에서 여론에 영향을 미치려는 목적으로 발표문 작성 비용을 대니까요. 그래서 기자들은 이런 발표문을 항상 조심해야 해요. 시간이 모자라는 기자들은 확실하지 않은 사실을 확실한 것으로 착각할 위험이 있거든요.

기자는 문제가 복잡하다는 것을 알고 있어도, 기사의 분량이 한정되어 있기 때문에 대중에게 자세한 내용을 전달하지 못할 때도 있어요. 그래서 기사는 되도록 간단하게 만들어야 해요. 라디오 속보는 30초, 텔레비전 뉴스는 90초 정도예요. 이렇게 짧은 시간에 어떻게 미묘한 분위기나 복잡한 내용을 전부 살려서 내보낼 수 있을까요? 모든 요소를 전달하고, 상황을 예측하고, 어감을 살려 전달하기는

● 로비스트란 어떤 기업 혹은 경제 분야나, 관심사를 가진 조직을 위해 정당이나 의원을 상대로 활동하는 사람을 말해요. 언론, 여론, 법에 영향을 미치려고 하지요.

쉽지 않아요.

전문 기자들도 문제가 있어요. 대학에서 경제를 전공한 전문 기자가 기업의 소식을 전해 듣기 위해 기업 대표들만 따라다닌다면 어떨까요? 기자는 그들과 친분이 생기면서 결탁˙할 위험이 생겨요. 기업가들이 국가의 규제˙에 대해 불평하고, 학교나 병원, 경찰에 들어가는 세금을 '사회적 짐'이라고 표현한다면, 기자는 과연 독립성을 유지하고 이 문제에 대해 정직한 기사를 쓸 수 있을까요? 기자는 어떻게 말을 고르고, 어떻게 아이디어를 택해야 할까요?

훌륭한 기자는 자신이 다루는 주제를 잘 알고 있어야 하지만 그 정도가 지나칠 필요는 없어요. 기사 주제에 대한 적당한 호기심을 유지하고, 기사의 주인공들에게 알맞은 질문을 던지면서도, 적당한 거리를 두어야 하지요.

● 결탁이란 서로의 이익이나 편의를 위해 돕게 되는 것을 말해요.
● 규제는 나라에서 어떤 일의 규칙이나 규정을 정해서, 한도를 넘지 못하게 막는 것을 말해요.

기자들은 모두 진보적인가요?

아니에요. 기자 중에서도 진보 진영에 투표하는 기자도 있고, 보수 진영에 투표하는 기자도 있어요. 투표를 아예 안 하는 기자도 있고요.

하지만 취재를 하고, 기사를 작성할 때는 정치적 노선을 따지지 않는 기자가 많아요. 프랑스의 유명 기자 알베르 롱드르는 이렇게 말했어요.

"기자가 알아야 할 노선은 철도 노선뿐이다."

- 진보는 사회를 변화, 개혁을 통해 해결해 나가려는 정치 성향을 말해요.
- 보수는 급격한 변화보다는 전통과 유지를 추구하는 정치 성향을 말해요.
- 노선이란 개인이나 단체가 지향하는 견해의 방향을 말해요.

기자들은 항상 새로운 여행을 떠나고, 새로운 취재에 올라타요. 그 결과가 개인적인 신념과 정반대로 나타나더라도 말이에요. 보수 진영에 투표했던 기자라도 취재를 하다 보면 진보 진영이 옳다는 것을 깨달을 수 있어요. 그 반대도 마찬가지이고요.

기자들은 돈을 잘 버나요?

때에 따라 달라요. 정규직 기자의 중간 소득은 보통 다른 직업보다 많은 편이지요. 하지만 프리랜서 기자˚는 기사를 쓸 때마다 돈을 받는데, 기사 분량에 따라 받을 때가 많아요. 프리랜서의 소득은 정규직 기자보다 물론 더 작고요.

그러나 기자가 풍요로운 생활을 하게 되면 사회를 보는 시야가 좁아질 위험도 있어요.

비교적 수입이 좋은 기자들이 높은 생활 수준으로 살아가면 도심이나 시골에 사는 또 다른 생활 수준

˚ 프리랜서 기자란 어느 언론사에 소속되어 있지 않고, 기사를 쓸 때마다 원고료를 받는 기자를 말해요. 동시에 여러 언론사에 기사를 쓸 수도 있답니다.

을 가진 사람들의 중요한 문제로부터 멀어지기도 하지요. 만약 기자에게 아파트를 살 돈이 없다면, 전세나 월세 문제에 더 민감하게 반응할 거예요. 또 도시에서 멀리 떨어져 산다면 대중교통 문제에 더 쉽게 관심을 가질 수 있지요.

반면에 기자는 큰 위기를 겪고 있는 직업이기도 해요. 최근 프랑스에서는 많은 언론사가 사정이 나빠져 수백 명의 기자를 해고했어요. 기자의 수는 계속 줄어들고 있어요. 기자라는 직업은 사회 변화에 따라 점점 불안정해지고 있지요. 이런 경험을 겪은 기자들은 기업의 해고나 공장 폐쇄 문제에 더 관심을 가질 수도 있겠지요?

기자들은 객관적인 사실만 전달하나요?

아니요. 처음에 기자가 되려고 공부할 때는 기자들의 객관성이 유대인에게도 15분, 히틀러에게도 15분이라고 배워요. 제2차 세계 대전에 대해서 취재하려면 유대인과 히틀러 모두에게 발언권을 주어야 한다는 말이에요. 모든 취재가 끝나기 전까지는 중재도 하면 안 되고, 가해자와 피해자가 있다고 단정해서도 안 된다고요. 양쪽 모두의 관점뿐만 아니라 객관적인 사실도 알려야 해요.

그러나 신문에서 그런 객관성만 원하는 독자는 아무도 없을 거예요. 양측의 주장을 그대로 주고 독자에게 판단을 맡긴다면 기자가 할 일을 다하지 않은 것이지요.

그런데 기자도 어떤 결정을 내리려면 그 전에 정직한 방법으로 취재를 해야 해요. 서로 반대 의견을 가진 사람들의 의견을 모두 듣고, 두 개의 관점을 제대로 이해했는지 확실히 확인해야 해요. 그래야만 정보에 대한 자신의 관점을 제시할 수

있어요.

　예를 들어 볼까요? 교육부가 고등학교 평가 결과를 점수로 발표했어요. 그리고 각 신문사는 순위를 기사로 실었지요. 하지만 놀랍게도 신문마다 발표하는 평가 결과가 다 달랐어요. 신문사마다 평가 결과 1위를 다른 고등학교로 발표한 거예요. 왜 이런 차이가 날까요? 신문사들은 똑같은 데이터를 가지고 기사를 썼을 텐데 말이에요.

그 이유는, 어떤 기자는 학생들이 처음보다 학업 성취도가 얼마나 높아졌는지를 가장 큰 기준으로 삼았고 또 다른 기자는 대학 입학 합격률만 따졌기 때문이에요.

이 사례는 언론사의 편집 방향*이란 것이 무엇인지 말해 줘요. 똑같은 취재를 해도 관점이 다를 수 있어요. 신문사, 방송국, 인터넷 사이트마다 다른 편집 방향을 갖고 있어요. 주제 선정, 주제의 중요도 결정, 주제를 다루는 방식, 기자들의 어조* 등이 편집 방향에 따라 결정되어요. 이렇게 다양한 편집 방향 때문에 언론의 풍경이 다채로워지는 거예요.

- 편집 방향은 편집국 기자들이 다룰 주제와 주제를 다루는 방식을 정할 때 기준이 되는 가치와 약속을 말해요.
- 어조는 어떤 말이나 글의 분위기를 말해요.

왜 신문에는 안 좋은 기사가 많을까요?

프랑스 사람들은 '비리샤티옹'이라는 도시 이름을 들으면 2016년 10월에 불량배들에게 공격당했던 경찰들을 떠올려요. 경찰차에 타고 있던 경찰관들은 신호등이 빨간불일 때 불량배들에게 공격을 받았어요. 그중 한 경찰관은 결국 뇌사 상태에 빠지고 말았어요.

비리샤티옹의 시장은 몇 달 뒤 이 사건을 언급하면서 안타까워했어요. "신문 기사가 온통 지방의 나쁜 면만 들췄더군요. 우리는 한쪽으로 치우친 기사 내용에 상처받았습니다."

프랑스의 유명 기자 알베르 롱드르는 이와 관련된 명언을 남겼어요. "기자는 성가대원이 아닙니다. 기자의 역할은 예배를 드릴 때 장미 꽃잎으로 만든 바구니를 들고 행렬을 따라가는 것이 아닙니다. 우리는 사람들을 기쁘게 하려는 것도 아니고 아프게 하려는 것도 아닙니다. 상처 속에서도 펜을 잡는 것이 우리가 할 일입니다."

기자들 사이에서는 '정시에 도착하는 기차는 정보가 아니고 10시간 늦게 도착하는 기차가 정보다'라는 우스갯소리도 있어요. 여기에 철도 위에 붕 떠서 전기로 아주 빨리 달리는 기차가 발명되었다는 내용과 기차가 탈선했다는 내용의 기사가 있다고 해도 마찬가지예요. 기자들은 기차가 탈선한 사건을 더 기억할 거예요. 독자들도 마찬가지고요. 탈선한 기차가 전기로 빨리 달리는 기차보다 훨씬 충격적이니까요. **기자들이 두 기차에 대한 뉴스를 모두 다루더라도 대중은 좋은 소식보다 충격적이고, 비극적인 소식을 더 많이 기억해요.** 아무리 좋은 소식도 무용지물이지요.

기차 말고 다른 비유를 들어 볼까요? 쓰러지는 나무는 자라는 나무보다 더 큰 소리를 내요. **기자들은 큰 반향을 일으킬 사건에 더 비중을 두는 경향이 있어요.** 화가 난 노동자들의 파업과 공장 폐쇄에 관한 뉴스는 젊은이들의 일자리를 만들어 내는 수천 개의 스타트업 기업에 관한 뉴스보다 더 많은 반향을 일으키지요.

나무는 단 몇 초 만에 쓰러진다는 말도 덧붙여야겠어요.

기사는 사건이 벌어진 당일에 나가야 해요. 그런데 자라는 나무에 대해서는 오늘이든 내일이든 언제나 말할 수 있어요. 자라고 있는 나무는 며칠 사이에 변하는 게 별로 없으니까요.

프랑스 기자들이 부유층이 사는 한 지역의 주민들이 노숙자들을 위한 보금자리 설립에 반대했던 사건을 대서특필 한 것도 그런 이유 때문이에요. 심지어 이 센터에 불을 지르려던 주민들도 있었어요. 기자들은 이 충격적인 사건에 대해 그 다음 날까지 기다리지 않고 곧바로 뉴스를 내보냈어요.

반대로 또 다른 번화가에서 벌어진 '참다운 이웃' 프로젝트에 대해서는 상대적으로 조용했어요. '참다운 이웃' 프로젝트 덕분에 이곳에 살던 난민 600명이 폐쇄되었던 병원에 새 보금자리를 얻을 수 있었어요. 180개 조직이 함께 일하고, 먹고, 새로운 것을 만들기 위해 세웠던 훌륭한 계획이었어요. 이 장소는 애초에 주민들의 의견을 모아 만들었기 때문에 주민들 모두 이 계획을 두 팔 벌려 환영했지요. 하지만 정착에는 시간이 걸렸어요. 앞에서 벌어진 일과는 달리 시급하게 전

● 대서특필은 특별히 더욱 강조하여 크게 쓴다는 뜻으로, 큰 비중을 두고 쓴 기사를 말해요.

달해야 할 필요도 없었고요. 그러다 보니 언론이 이 프로젝트에 대해서는 덜 다루었던 거예요.

    기자들도 쓰러지는 나무든, 탈선한 기차든 안 좋은 뉴스가 넘친다고 생각해요. 그래서 나쁜 소식이 도를 넘지 않도록 일부 사건에 대해서는 보도를 자제하기도 해요. 긍정적이고 재미있는 기사로 그 자리를 채우고요. 어떤 이들은 이를 비난할 수도 있어요. 지중해에 빠져 죽는 난민들을 단순한 통계 수치로 표현하거나 아예 언급하지 않는다면 이 역시 고민해 보아야 할 문제니까요.

왜 똑같은 뉴스가 반복되어 나오나요?

요즘 시대에는 사건들을 바로바로 알려 주는 신문, 라디오, 인터넷 사이트가 워낙 많다 보니 뭘 봐도 항상 같은 뉴스만 읽고, 보고, 듣는 느낌이 들어요.

큰 사건이 하나 터지면 온갖 신문, 라디오, 인터넷 사이트에서 그 사건을 반복적으로 다루기 시작해요. 프랑스 니스에서 벌어진 테러 사건, 미국 트럼프 대통령 당선 소식과 같은 중요한 사건들은 다루지 않은 미디어가 거의 없지요.

속보가 뜰 때는 더 똑같은 뉴스가 반복되는 것 같아요. 몇 분 전에 테러가 발생했다고 가정해 볼게요. 범인이 누구인지, 왜 그리고 어떻게 테러를 저질렀는지 아직 아는 것이 아무것도 없어요. 그러니까 기자들은 아는 사실 두세 가지를 반복해서 전할 수밖에 없어요. 확인되지 않은 다른 말을 할 수는 없으니까요.

프랑스 니스의 '영국인의 산책로'에 끔찍한 테러가 벌어진 날도 그랬어요. 난데없이 트럭이 달려들어 걸어가는 시민을 덮쳤던 날, 다른 소식들은 모두 뒷전으로 밀려났어요.

기자들은 서로의 기사를 읽고 방송을 봐요. 텔레비전 방송 기자들은 정오 뉴스나 8시 뉴스에서 다룰 주제를 조간신문에서 고르기도 해요. 어떤 기자가 특정 기사를 흥미롭다고 판단하면 다른 기자들도 그걸 따라 하는 경향이 있어요.

사실 독자 입장에서 기자들이 주제를 바라보는 관점이 모두 같은 것은 원치 않을 거예요. 2016년, 프랑스 정부가 칼레의 난민촌을 폐쇄한다는 결정을 내린 것은 큰 뉴스였어요. 6,000명에서 8,000명에 이르는 어른과 아이가 난민촌을 떠나 버스를 타고 다른 곳으로 이주해야 하니까요. 결국 800명의 기자와 스텝이 현장에 들어가서 대규모 난민 이주를 취재했어요. 그런데 800명의 기자가 모두 똑같은 방식으로 뉴스를 다루는 것 같았어요. 버스에 타려고 줄을 선 사람들과 불타는 천막의 사진만 찍었으니까요.

난민촌의 생활, 음식을 나눠 준 자원봉사자들, 난민촌 안에서도 학교에 다니는 아이들, 다른 출신 청년들 간의 싸움, 경찰이 함께하지 않으면 난민촌에 들어가지 않겠다는 소방관들, 폭력을 쓰기도 하고 트럭에 숨어들어 온 난민들을 돕는 경찰관 등 더 흥미로운 주제를 다룰 수도 있을 텐데 말이에요. 물론 이 모든 걸 알려면 난민촌에 오래 머물며 사람들과 신뢰를 쌓아야겠지요. 아침에 갑자기 들이닥쳤다가 저녁이 되면 돌아가는 기자들에게는 불가능한 일이에요.

물론 오래 머물려면 그만큼 시간과 비용을 투자해야 할 거예요. 그러나 그런 비용을 감당할 만한 미디어는 많지 않아요. 그래서 그들이 쓰는 가장 간단한 방법은 다른 언론사들과 똑같은 대표 사진을 쓰는 거랍니다.

기자들은 왜 실수를 할까요?

　　기자들도 실수할 수도 있어요. 물론 의도하지 않았겠지만요. 2017년 2월 11일, 프랑스 경찰은 많은 언론사에 보도 자료를 발송했어요. 그날 오후에 있었던 한 시위에서 경찰이 폭력 진압을 하지 않았다는 내용의 자료였어요. '화재 차량에 갇힌 어린이를 구하기 위해서 경찰이 진입할 수밖에 없었다'라는 설명이었지요. 많은 언론에서 이 내용을 뉴스와 기사로 내보냈어요. 경찰의 공식적인 발표 자료였으니까요. 경찰은 시위에 참가한 사람이 몇 명이었는지, 체포된 사람은 몇 명이었는지, 경찰이 꼭 진입해야 했는지를 판단하기에 유리한 위치에 있었어요. 한 언론사는 이 기사를 내보내면서 '경찰에 따르면'이라는 말을 덧붙였어요. 기자가 시위 현장에 직접 나가지 않았기 때문이에요.

　　그런데 트위터에서 어떤 청년이 어린이를 구출한 건 자신이라고 주장했어요. 사람들은 포스트를 퍼 나르기 시작했고

실제로 현장에서 경찰이 아니라 청년을 봤다는 증언도 나왔어요. 기자들은 청년에게 연락해서 인터뷰를 했고, 현장에 있었던 증인들도 취재했어요. 청년의 말을 뒷받침해 준 경찰도 만났고요. 일요일 아침, 기자들은 바로 정정 기사를 내보냈어요. 이후 경찰은 9시 54분에 '#시위 #보비니 경찰은 어제 불타고 있는 차에서 아이를 구한 젊은이의 용기를 높이 사는바입니다'라는 포스트를 올렸어요.

그렇다면 처음 앞에서 말한 기사는 잘못된 것일까요? 맞아요. 아이를 구한 건 경찰이 아니었어요. 하지만 기자는 '경찰에 따르면'이라고 적어 넣었어요. 기사를 작성할 당시 유일한 취재원은 경찰이었으니까요.

또 다른 예를 들어 볼게요. 프랑스의 또 다른 언론사는 니스에서 테러가 발생했다는 소식을 전했어요. '파리에서 담배 가게를 운영하는 27세의 한 남자가 임신 7개월인 부인을 구하려다가 목숨을 잃었다. 부인을 도로변으로 밀어내는 순간 트럭이 그를 덮쳤다' 이 기사는 취재원이 사건의 주인공과 사촌 사이라고 밝혔어요. 취재원은 목숨을 잃은 남자는 '선한 사람', '젊은 몽상가였지만 늘 부인과 미래의 아이를 위했던 사람'이라고 증언했지요. 많은 언론이 확인하지도 않고 이 증언을 그대로 기사에 썼어요.

더 많은 사실을 알고 싶었던 기자들이 영웅의 슬픈 사연을 취재하기 시작했어요. 그런데 한 기자가 자세한 내용을 확인하기 위해 파리의 담배 가게 주인들의 단체에 일일이 전화를 걸고 희생자 명단도 샅샅이 뒤졌어요. 그러나 이 슬픈 사연의 영웅은 찾지 못했어요. 취재원과도 연락이 닿지 않았지요. 취재원이 모든 이야기를 지어낸 거였어요. 그 이유는 알 수 없었고요.

이 두 사례는 기자들도 실수할 수 있다는 것을 보여 주어요. 기자들이 특종을 위해 빨리 기사를 내려 했거나 어느 순간에만 연락 가능한 취재원을 바탕으로 기사를 썼기 때문이에요. 이와 반대로 끝까지 취재를 포기하지 않은 기자들이 있었다는 것도 보여 주지요. 결국 기사는 정정되었으니까요. 하지만 첫 기사를 읽었던 모든 독자가 정정 기사를 봤을까요? 바로잡기에는 너무 늦었던 게 아닐까요?

기자가 뉴스를 놓칠 수도 있나요?

그럼요. 1969년 11월 21일, 아주 위대한 과학적 발견이 있었어요. 그러나 당시 기자들은 그 사실을 아무도 몰랐어요. 기자들은 전기공사에서 일어날 파업, 국회의 보건 복지 예산 심의 등에 대해서만 이야기했지요. 스탠퍼드 대학교와 캘리포니아 대학교의 연구소가 컴퓨터를 망으로 연결해서 서로 소통할 수 있도록 한 역사적 사건을 놓친 거예요.

인터넷의 탄생을 놓치다니요! 인터넷이 우리의 삶을 얼마나 바꿔 놓을지 아무도 예측하지 못했어요. 인터넷을 발명한 과학자들 조차도요.

기자들은 자신이 가지고 있는 지식을 기준으로 사건을

관찰해요. 그래서 가끔 중요한 내용을 놓치기도 하지요. 미국 대통령 아이젠하워도 "긴급한 것은 중요한 법이 없고, 중요한 것은 긴급한 법이 없다."라고 말했었답니다.

● 드와이트 아이젠하워는 미국의 제34대 대통령이에요.

기자들도 검열을 당하나요?

네, 그럴 때도 있어요. 사실 기자들이 누리는 표현의 자유에도 제한이 있거든요. 기자라도 사생활이나 타인의 초상권을 침해할 수 없고, 전쟁이나 테러를 찬양할 수 없어요. 마약 사용을 권장할 수 없고, 특정 인종이나 민족, 종교에 대한 증오를 불러일으키는 말도 해선 안 돼요. 역사를 부정하는 말, 동성애자를 혐오하는 말, 장애인을 차별하는 말도 하면 안 되고, 폭력, 욕설, 비방을 부추기는 말도 해선 안 되지요. 이러한 제한은 법으로도 정해져 있어요.

각 신문사의 주주들도 기자들에게 제재를 가할 수 있어요. 얼마 전 프랑스의 한 방송국에서는 한 지방 은행의 부패 사건을 다룬 다큐멘터리를 제작한 적이 있어요. 그런데 이 방송국 사장은 직

- 검열은 어떤 정보의 공개를 금지하거나 막는 것이에요.
- 표현의 자유란 언론, 출판 등에서 생각이나 의견, 정보를 어떤 억압 없이 표현할 수 있는 자유를 말해요.
- 초상권은 한 개인의 얼굴이 담긴 사진이 주인의 허락 없이 기사나 방송에 공개하지 못하도록 하는 권리예요.
- 주주는 주식을 갖고 회사의 경영에 참여하는 개인이에요.

원들에게 이 다큐멘터리의 방영을 취소하라고 지시했어요. 자신이 은행 총장과 개인적 친분도 있었고 사업적으로도 가까웠기 때문에 방송을 검열한 거예요.

하지만 우리는 방송국도 여러 개, 신문사도 여러 개, 뉴스 사이트도 여러 개 있는 시대에 살고 있어요. 결국, 이 다큐멘터리는 다른 방송국에서 방영되었어요. 한 방송국에서 검열되었더라도 다른 방송국에서는 전파를 탈 수 있지요.

만약 이런 다큐멘터리나 프로그램을 제작하고 방영할 채널을 찾지 못했다면 다른 언론사의 동료 기자에게 정보를 넘길 수 있어요. 아마 그 동료는 선물을 받았다고 좋아할걸요?

한편 미국의 어느 방송국 기자는 도널드 트럼프가 원하기만 하면 어떤 여자와도 사귈 수 있다며 여성 비하 발언을 한 영상을 발견했어요. 하지만 방송국의 경영진은 대통령 선거를 한 달 앞두고 이런 영상을 내보내기를 불안해했어요. 방송국에서는 변호사들을 만나고 법무팀에도 상담해 보며 혹시 소송에 걸리지 않을지 알아보기도 했어요. 물론 이것은 충분히 알아볼 수 있는 문제예요. 그런데 일주일이 지나도 영상이 방영되지 않자, 방송국의 한 직원이 다른 언론사에 트럼프의 영상을 보내 버렸어요.

영상을 받아 본 일간지는 영상이 진짜인지 확인해 보았어요. 그리고 날짜와 장소를 확인해서 트럼프가 출연했던 리얼리티 쇼의 미방영분●에 담긴 내용이라는 것을 알아냈지요. 확인 작업만 다섯 시간이 걸렸어요. 일간지는 기사를 냈고, 수

● 미방영분은 한 프로그램에서 편집을 거쳐 방송되지 않은 일부를 말해요.

만 명의 인터넷 사용자들이 충격적인 영상을 확인했어요. 많은 언론이 이 사건을 따라 다루었고, 여기에는 처음으로 영상을 입수했던 방송국도 빠지지 않았어요.

신문에는 왜 어려운 말이 많을까요?

　　기자들은 기사를 쓸 때 신문을 많이 읽는 독자를 대상으로 삼아요. 금융에 관한 뉴스를 담당한 기자가 기사마다 주식이 무엇이고, 채권이 무엇인지 매번 설명할 수는 없어요. 시리아 내전을 다루는 기자도 매번 점령군이나 몇 년 동안 이어진 전투를 일일이 설명할 수 없고요. **기자들은 독자, 청취자, 시청자가 해당 주제에 대해 최소한의 지식을 가지고 있다고 생각해요.** 그래서 기본적인 용어와 처음부터 지금까지 사건이 진행된 과정도 잘 알고 있다고 생각하고 기사를 쓴답니다.

　　신문을 통 읽지 않던 사람이 신문을 갑자기 읽기는 힘들어요. **그러니까 먼저 어린이나 청소년을 위한 신문이나 잡지를 읽으며 시사 상식을 쌓고 기본적인 지식을 습득해 보세요.** 그러면 차츰 더 어려운 신문을 읽을 수 있을 거예요. 그리고 잊지 마세요. 지금 이해하지 못하고 넘어간 주제는 시간이 흐른 뒤에는 더 이해하기 힘들답니다.

특종! 수상한 기자들　93

여론 조사를 믿어도 될까요?

여론 조사를 꼭 믿을 수는 없어요. 여론 조사 결과도 틀릴 때가 있거든요. 2016년, 영국에서 브렉시트에 관한 국민 투표가 있었을 때도 그랬어요. 여론 조사는 국민 투표 결과를 예측하지 못했어요. 같은 해에 미국 대통령 선거에서 트럼프가 당선되리라는 것도 예측하지 못했고요. 따라서 우리는 여론 조사 결과에 대해서는 언제나 여러 가지 의문을 가져야 해요.

우선, 믿을 만한 기관에서 조사했는지 살펴봐야 해요. 이것이 첫 번째로 생각해야 할 점이에요. 한 매체가 온라인으로 실시한 조사는 과학적 근거가 전혀 없어요. 일부 시청자, 일부 청취자들이 문자 메시지를 보내거나 인터넷에서 클릭한 것일 뿐이니까요. 국민 전체를 대변한다고 볼 수 없지요.

● 여론 조사는 사회나 정치적 여러 문제에 대해 대중의 의견을 조사하는 것을 말해요.
● 브렉시트란 2016년 영국이 유럽연합 탈퇴를 선언했던 것을 말해요.
● 국민 투표는 어떤 정치적, 사회적 특정한 사항을 국민 투표를 통해 결정하는 것을 말해요.

프랑스 보수 경향의 한 신문이 "진보 진영의 대통령 후보가 언론의 공격에도 불구하고 대선에서 승리할까요?" 혹은 "《그랑 주르날》 폐간은 진보 방송의 종말을 알리는 신호탄일까요?"라고 묻는 것은 여론 조사라고 볼 수 없어요. 질문이 한쪽으로 치우쳐 있고 해당 신문의 독자들만 응답할 테니까요. 인터넷 사이트는 사람들에게 클릭을 유도해요. 중요한 것은 이것이 독자에게 대답할 수 있는 질문을 받았다는 착각을 하게 만들지요. 반면에 공신력 있는 여론 조사 기관은 조사가 엄격하게 이루어져요.

여론 조사는 누가 신청할까요? 정당, 기업, 압력 단체, 언론? 누구일까요? 만약 초콜릿을 만드는 회사인 누텔라나 코카콜라가 설탕 소비에 관한 조사를 의뢰했다면 그 결과는 독립 언론 매체에서 의뢰한 것보다 신뢰도가 떨어져요.

표본에 대표성이 있는가도 중요한 문제예요. 여론 조사 기관은 보통 선거 명부에 등록한 사람 중 나이, 성별, 거주지 등을 고려해서 선발한 사람들을 표본

● 공신력은 모두가 수긍할 수 있는 공적인 신뢰를 가진 능력을 말해요.

● 표본은 연구나 조사에 참여하는 집단을 말해요.

으로 삼아요. 이들이 국민을 대표한다고 보는 것이지요. 표본이 지나치게 작거나 응답자 수가 충분하지 않으면 잘못된 결과가 나올 수 있어요. 물론 표본을 크게 잡아도 잘못된 결과가 나올 수 있고요.

미국의 한 여론 조사 기관은 도널드 트럼프가 대선에서 승리할 것이라고 가장 먼저 점쳤어요. 그러나 이 조사에는 표본에 오류가 있었어요. '18세~21세 흑인 남성'을 대표했던 사람이 '도널드 트럼프에게 투표할 것이 확실하다'라고 대답했으니까요. 하지만 실제로 인종 차별과 관련해 여러 이슈를 몰고 다니는 트럼프에게 투표할 흑인은 드물었을 거예요.

질문지는 어떻게 작성했는가도 살펴야 해요. '하루에 세 번 양치질하는지' 묻는 것과 '하루에 세 번 양치질해야 한다

저는 하루에 이를 세 번 닦아요. 암요, 그렇고 말고요.

고 생각하는지' 묻는 것은 완전히 다르니까요. 또 '어떤 정치인을 긍정적으로 평가하는지' 묻는 것은 '선거 때 누구에게 투표하겠느냐'고 묻는 것과도 다르고요. 특정 후보를 좋게 평가하면서도 그를 뽑지 않을 수도 있으니까요. 그 반대의 경우도 마찬가지이고요.

질문을 전화로 했는지도 알아봐야 해요. 전화를 쓰면 전화번호부에 이름을 올리지 않은 사람들은 처음부터 제외되어요. 그럼 인터넷은 어떨까요? 여론 조사 기관은 답을 한 사람이 누구든 응답자 본인이라고 주장하면 믿을 수밖에 없어요. 응답자와 직접 대면하는 방식이 가장 믿을 만하지만, 이 방법은 비용이 더 많이 들어요.

결과가 분석되는 방식도 눈여겨봐야 해요. 기자들이 결과를 잘못 해석하기도 하거든요. 1,000명을 대상으로 조사를 했을 때 두 후보에 대한 지지도가 1~2퍼센트밖에 차이가 나지 않으면 누가 더 앞섰는지 알 수 없어요. 오차가 너무 적으니 과학적으로 정확하지 않기 때문이에요. 여론 조사 기관은 항상 오차가 있다는 사실을 기억해야 해요.

또 기자들은 조사 결과에서 보고 싶은 것만 볼 위험이 있어요. 계속 선두를 지킨 후보보다 점점 지지율이 오른 후보에 더 눈길이 가니까요.

그래서 우리는 여론 조사를 무조건 믿기보다 조사 결과를 직접 확인하고 여러 기자가 내린 분석을 비교해야 해요.

'대안적 사실'은 존재하나요?

아니요. **사실은 사실일 뿐이에요.** 누가? 언제? 어디서? 이런 질문의 답은 정해져 있어요.

그런데 집회˚에 참석한 사람의 수를 판단할 때는 이야기가 달라져요. 이런 경우에는 의견 다툼이 벌어지기도 해요. 이럴 때 기자들은 보통 경찰 집계와 집회 조직이 내놓은 수치를 모두 기사에 써요. 그런데 그 수치는 두 배나 차이가 나기도 하고, 그보다 더 차이가 나기도 해요. 정말 이상한 일이지요. 그렇다면 독자는 둘 중 무엇을 믿어야 할까요?

기자들이 직접 집계를 하면 좋겠지만 그럴 만한 인력이 없거나 혹은 복잡한 확인 절차가 번거로워서 그냥 두 조직이 내놓은 숫자를 모두 그대로 쓰는 것에 만족할 때가 많아요. 트럼프 대통령이 취임식에 참석한 사람들의 수가 적게 집계되었다

● 대안적 사실은 대안과 사실을 합친 신조어예요. 2017년 도널드 트럼프 대통령 취임식에 몇 명의 인파가 모였는지가 논란이 되면서 화제가 된 단어이지요.

● 집회란 여러 사람이 어떤 목적을 위해 한 장소에 모이는 것을 말해요.

고 항의했을 때도 이 '대안적 사실'이 반향을 불러일으켰어요.

미국의 일간지 《뉴욕 타임스》가 독자적으로 집계를 해서 하나의 숫자와 하나의 사실만 존재한다고 발표했으니 정말 다행이었지요. 《뉴욕 타임스》는 과학자들에게 의뢰해서 현장 사진을 분석하고 집회에 참석한 사람들의 밀도와 이동 속도를 측정했어요. 그러자 취임식에는 16만 명이, 그리고 그 다음 날 있었던 여성들의 행진에는 47만 명이 참석했다는 결과가 나왔어요. 참고로 2009년 버락 오바마 대통령의 취임식에는 57만 명이 참석했었지요.

그런데 사실은 단순한 숫자로 끝나지 않아요. 사실을 보도하려면 기자들은 육하원칙, 즉 '누가, 언제, 어디서, 무엇을, 어떻게, 왜' 했는지에 답할 수 있어야 해요. 물론 이유를 밝히는 데에는 시간이 오래 걸릴 수도 있어요. 또 여러 가지 해석이 나올 수도 있고요.

트럼프 대통령의 취임식에는 왜 오바마 대통령의 취임식보다 참석자 수가 적을까요?

트럼프 대통령이 인기가 없어서일까요, 아니면 그저 날씨가 좋지 않아서였을까요? 정부 정책이나 복잡한 경제적 상황이 원인이었을까요?

이처럼 '왜'가 문제가 될 때가 많아요. '누가, 언제, 어디서, 무엇을'이라는 질문에 대한 답은 하나로 정해져 있는 반면에 '왜'라는 질문의 답은 동시에 여러 가지가 있을 수 있어요.

진짜 뉴스와 가짜 뉴스를 어떻게 구별하지요?

가장 좋은 방법은 훌륭한 기자들을 따라 해 보는 거예요. 현장에 직접 가 보고 목격자들을 모두 만나 볼 수 있지요. 전문가에게 질문도 하고 주제에 관한 책도 읽을 수 있어요. 하지만 누구나 이게 다 가능하지는 않아요. 그래도 우리는 정보를 믿기 전에 몇 가지만이라도 확인해야 해요.

어디에서 정보를 찾았나요? 가장 믿음이 가는 정보 출처는 통신사예요. AFP, 로이터, AP 같은 통신사는 전 세계 언론사에 이미 확인된 정보를 제공해요. 많은 기자를 고용하고 있고 그 기자들이 각 분야를 전문적으로 다루고 있어서 실수의 위험이 상대적으로 낮아요. 그다음으로 믿을 수 있는 곳은 인정받은 미디어 웹사이트, 뉴스를 만드는 편집국이 있는 일반 라디오, 일간지, 잡지, 텔레비전이에요. 하지만 기자 수가 통신사보다 10배, 100배, 때로는 1,000배나 더 적기에 그만큼 실수의 위험이 커요.

뉴스 사이트에서 정보를 얻었나요? 그렇다면 웹사이트의 이름을 확인해 보세요. 예를 들어 프랑스의 웹사이트 '르 고라피'는 '르 피가로'와는 달라요. '르 고라피'는 잘못된 정보가 하도 많아서 웃음이 나는 패러디 사이트예요. 반면에 '르 피가로'는 진짜 언론사 사이트예요.

때로는 도메인 이름이 비슷해서 헷갈리기도 해요. 미국 ABC 방송의 웹사이트 도메인은 'abcnews.com'이에요. 그런데 'abcnews.com.co'라는 사이트에서는 가짜 뉴스를 내보내요. 우리는 신뢰할 수 있는 미디어의 이름을 구분해 볼 줄 알아야 해요.

누가 기사를 썼나요? 뉴스가 뉴스 사이트의 블로그에서 나온 것인지 아니면 뉴스 사이트가 직접 내보낸 것인지 확인해요. 블로거는 기자만큼 까다롭게 기사를 쓰지 않아요. 어떤 뉴스 사이트들은 블로그 서비스를 제공하면서도 개인들이 틀린 정보를 올려도 확인하거나 제재를 가하지 않아요.

그렇지만 해당 사이트의 단어가 블로그 주소에 들어가기 때문에 어떤 이는 블로그의 글이 진짜 뉴스 사이트의 기사라

전 세계에 충격을 던진 사진 한 장!
술래잡기하는 설인 예티와 전설의 동물 다위

예티와 다위에게만 햇빛이 비치지 않는 것을 보아
가짜 사진이라고 의심해 볼 수 있다.

고 착각할 수 있어요.

기사가 언제 쓰였나요? 3년 전에는 사실이었던 글이 지금은 사실이 아닐 수도 있어요. 기자가 2015년, 시리아 내전에 개입한 세력들에 대해 명쾌한 기사를 썼다고 해 볼까요? 그러나 지금은 2015년과는 달리 동맹군이 힘을 쓰지 못해요. 고작 몇 년 전에 온건했던 사람 중에는 테러리스트 집단에 들어간 사람들도 있어요. 이렇게 기자는 늘 현재를 이야기할 뿐 미래는 내다볼 순 없어요.

기사가 아닌 다른 발행물들도 마찬가지예요. 가끔 과거의 트위터를 보면 3년 전, 정치인이 어떤 사건을 두고 예상했던 말을 볼 수 있어요. 그 이후로 그가 말한 것과는 정반대의 일이 벌어진 걸 알게 되면 재미있지요.

기사나 영상의 취재원을 밝히나요? 한 유튜브 채널은 영상의 참고 자료를 모두 공개해요. 그래서 기자

일부 과학자들은 즉흥적인 술래잡기였을 것으로 추측한다.

가 "하루에 35억 명이 건강에 해로운 물을 마신다."라고 말했을 때 그 결과가 어떤 연구 단체에서 나왔다는 것을 알 수 있어요. 연구를 확인할 수 있는 링크도 있어서 더 많은 정보도 얻을 수 있지요.

통신사나 미디어의 사이트에서 얻은 정보가 아니라면 다른 질문들도 해 봐야 해요. 첫째, 정보가 다른 곳에도 인용되었는지 알아봐야 해요. 큰 사건이 벌어졌는데 다루는 신문이 없으면 이상하다고 봐야지요. 대단한 사건이라면 아무리 껄끄러운 일이라도 기자들이 취재하고 싶어 할 테니까요.

둘째, 문체도 빠르게 훑어봐야 해요. 필요 이상으로 글자를 크게 써서 강조하거나, 느낌표를 많이 썼다면 의심해야 해요. 기자들이 뉴스를 큰 소리로 외쳐서 알릴 필요는 없으니까요. 충격적인 사건이라면 간단한 문장만으로도 충분하지요.

셋째, 프랑스 전 총리인 미셸 로카르의 말도 기억해 두세요. "음모가 아닐까 하는 가정보다 헛소리가 아닐까 하는 가정을 항상 더 먼저 생각해야 한다. 헛소리는 흔하지만, 음모는 드물다."

넷째, 웹사이트나 페이스북 계정의 신뢰도는 팔로워의 수로 결정되지 않는다는 걸 기억해요. 엉터리 소식을 올려놓고 클릭을 하게 하거나 일부 사람에게만 해당되는 내용을 올릴 수 있으니까요. 요즘에는 '좋아요'를 수백 번 클릭하고 돈을 받는 직업도 있어요.

마지막으로 트위터 계정은 인증을 받은 것인지 확인해야 해요. 유명인의 계정인데도 작고 파란 동그라미 로고가 없다면 가짜 계정을 의심해야 해요. 유명인의 신분을 도용한 사람일지도 몰라요.

전문가들에게 의견을 물어요. 페이스북에는 의심이 가는 뉴스가 있을 때 게시물의 오른쪽에 신고할 수 있는 버튼이 있어요. '허위 뉴스 기사입니다'에 체크할 수 있지요.

'팩트 체킹' 사이트들도 확인해 봐요. 기자들은 다른 기자들의 기사를 감시하고 있어요. 전 세계 약 120개의 팩트 체킹 사이트가 운영 중이에요. 우리나라의 경우 각 방송사에서 사실 확인을 위

● 팩트 체킹이란 '사실 확인'이라는 표현이에요. 정치인이나 유명인이 한 말을 확인하고, 거짓이 있는지 가려내는 일을 말하지요. 프랑스뿐만 아니라 우리나라와 다른 여러 나라들이 가짜 뉴스를 구분하고, 사실을 기반한 객관적인 뉴스와 기사를 위해 노력하고 있어요.

해 팀을 꾸리기도 하고 뉴스의 일부 코너를 개설해 방송하기도 하지요. 이렇게 전문가들은 우리를 대신해서 사실을 확인하는 작업을 하고 가짜 뉴스가 있으면 알려 주어요. 이미 내보낸 뉴스라고 하더라도요.

내 허락 없이 신문에 내 사진이 나올 수 있나요?

아니요. 우리에게는 초상권이 있어요. '초상은 개인 정보이다'라고 법으로 정해져 있어요. '**개인은 특별한 경우를 제외하고 당사자의 허락 없이 타인이 초상을 보관하거나 공개하는 데 반대할 수 있다. 따라서 초상권이 침해되었을 때는 소송으로 피해 보상을 요구할 수 있다**'라고 정해 놓았어요. 특별한 경우란 나와 관련된 사건을 설명하는 사진일 때를 말해요. 이럴 때 기자는 내 허락을 받지 않아도 사진을 공개할 수 있어요. 집회에 참석했거나 콘서트를 보러 갔을 때, 혹은 사고를 당했을 때가 해당해요.

그런데도 초상권이 지켜지지 않을 때가 있어요. 프랑스에서는 잡지사가 부모의 동의를 구하지 않고 아이의 사진을 싣지 못해요. 하지만 시리아에서 찍혔거나 프랑스에 있는 난민촌에서 찍힌 아이들의 사진을 내보내고 있어요. 사진 담당 부서에서 아이들의 부모가 사진을 볼 일이 없다고 생각하는 것이지요. 당장 잠잘 곳도 없는 사람들이 신문을 볼 일은 없다고 말이에요. 불법 체류자 신분으로 경찰서에 고소를 하러 가고 소송까지 걸 일은 없다는 거예요. 정말 충격적이에요.

언론은 사건의 모든 걸 다 보여 줘야 할까요?

아니요. 영국의 한 웹사이트가 트위터에 46초짜리 동영상을 올렸어요. 니스에서 테러가 벌어진 직후 영국인의 산책로를 촬영한 영상이었지요. 시체와 피, 울부짖는 사람들……. 눈 뜨고는 볼 수 없는 장면이었어요. 위키리크스의 트위터 계정은 '충격적'이라고 하면서도 이 영상을 공유했어요. 하지만 사건을 이해시키기 위해 대중에게 이런 영상을 꼭 보여 줄 필요가 있을까요?

위키리크스의 최고 책임자인 줄리안 어산지는 필요하다고 말해요. 이 영상이 '테러의 현실을 감추려는 사람에게는 피해가 갈 것'이라고 본 것이지요. 현실이 충격적이지 그것을 찍은 영상 자체는 충격적이지 않다는 말이에요. **어산지는 영상을 감추려는 사람들은 "이런 테러가 일어나도록 한 경찰과 정치권의 무능함에 국민이 분노하는 것을**

막으려 한다."라고 설명했어요. 하지만 과연 그의 생각이 무조건 옳을까요? 영상을 공개하지 않은 신문과 웹사이트들도 경찰과 정치권의 무능함에 대해 취재할 수 있어요. **다른 언론사들이 영상을 내보내지 않은 것은 사람들을 공포로 몰아넣으려는 테러리스트들의 계획에 넘어가지 않기 위해서였어요.**

조작된 사진인지 아닌지 어떻게 알아요?

몇 가지를 확인해야 해요. 가짜 사진이나 가짜 영상은 수없이 많아요. 자극적이거나 극단적인 주장을 뒷받침하기 위해서 왜곡시킨 이미지들이지요. 가짜 이미지에 속거나 그것을 공유하지 않으려면 몇 가지를 직접 확인해 보세요.

첫 번째, 사진을 분석해요. 시간을 들여 천천히 사진을 살펴보아요. 작은 부분에 특히 신경을 써서 살펴보는 거예요. 겨울에 찍었다고 하는 사진에 푸른 나무가 있을 수 있어요. 겨울에 노르웨이에서 찍었다는 사진에 뜨거운 태양이 보일 수도 있고요. 로마의 상징인 레무스와 로물루스의 조각이 프랑스 마르세유의 쓰레기통 위에서 찍혔다면 어떨까요? 이처럼 어떤 사진들은 작은 부분들이 잘 맞지 않을 때가 많아요. 사진 속의 이런 모순된 부분은 다음 취재의 출발점으로 삼기에 아주 좋아요.

두 번째, 사진의 날짜를 확인해요. 컴퓨터에 사진을 저장한 다음, 구글 이미지에서 사진을 불러와 올려요. 그러면 이미지 검색 결과를 통해 저장한 사진이 다른 사건과 관련이 있는지 알 수 있어요. 2018년에 일어난 사건과 관련된 기사에 실린 사진이 2012년 기사에 사용된 적이 있다면 현재 벌어진 사건과는 무관하지요.

세 번째, 사진을 누가 찍었는지 확인해요. 기사에 실린 사진에는 사진 기자의 이름이 꼭 나오거든요. 보통 옆이나 아래에 작은 글씨로 표기되어 있어요. 그런 다음에는 그 사람이 누구인지 찾아봐요. 사진을 찍은 사람이 전문적인 사진가인가요? 그렇다면 안심해도 돼요.

만약 전문적인 사진 기자가 아니라면 사진을 촬영한 장소에서 찍은 사진들이 정기적으로 공개되는지 봐야 해요. 예를 들어 이라크에 사는 주민이 전쟁으로 폐허가 된 도시의 모습을 찍어서 올린 것일 수도 있어요.

그런데 이런 경우도 아니라면 다른 사람이 찍은 사진을 자기가 찍은 것처럼 속이는 사람일 수도 있어요. 사진을 찍은 사람의 페이스북이나 트위터를 확인해 봐요. 모든 것이 음모라고 주장하는 사람인가요? 아니면 특정 주제에 대한 사진만 올리는 사람인가요?

네 번째, 사진을 찍은 장소를 확인해요. 카메라나 스마트폰으로 사진을 찍으면 우리 눈에는 보이지 않지만 자동으로 데이터가 만들어져요. '.jpg' 형식으로 저장된 파일에는 촬영

날짜가 들어 있어요. 사진을 클릭하고, 속성을 누르면 정보를 볼 수 있답니다.

어떤 뷰어 프로그램은 간단하게 데이터를 추출해 주고 사진이 촬영된 장소를 지도 위에 보여 주기도 해요. 그러면 저스틴 비버의 사진이 정말 그가 휴가를 즐기던 섬에서 최근에 촬영된 것인지 아니면 그 전에 촬영되었던 것인지 알 수 있어요.

우리는 어떤 미디어를 봐야 할까요?

어떤 경우에서든 나의 의견을 가지려고 할 때 사람들을 직접 만나 보는 것보다 좋은 방법은 없어요. **학교에 기자들을 초청할 수 있는지 선생님에게 여쭤보면 어떨까요?**

언론사의 기자들은 중학교와 고등학교에서 요청이 들어오면 직접 학생들을 만나러 가기도 해요. 언론사들에 일 년 내내 그런 요청이 끊이지 않는다고 해요. 일부 학교나 교육 단체는 교사들의 요청을 받아들여서 학교에 언론 전문가들을 초청해요. **기자가 질문에 어떻게 답변하는지, 명쾌한 답을 하는지, 자신의 주장을 잘 설명하는지 직접 알 수 있어요.** 이런 경험들은 기자를 믿을 수 있는지 확인할 수 있는 좋은 기준이 되지요.

편집국에서 직접 인턴으로 일하면서 기자들이 어떻게 일하는지 볼 수도 있어요. 기자들이 참석하는 행사에 가 볼 수도 있고요. 그곳에 가면 사진 기자, 취재 기자, 편집국장에게 직접 질문을 던지고 그들이 서로 토론을 벌이는 모습도 지켜볼 수 있어요. 기자들이 우리와 직접 토론을 벌일 수도 있고요. 그런 다음에 앞으로 어떤 언론사와 어떤 기자들을 눈여겨볼지 정할 수 있겠지요?

일 년 동안 직접 취재해 볼 수도 있어요. 어떤 사건이 충격적으로 느껴지면 적극적으로 조사를 해 보는 거예요. 테러, 스포츠, 흥미로운 사연 등에 대해서 다양한 채널, 신문, 사이트를 훑어봐요. 그리고 누가 무슨 말을 하는지 기록해요.

- 아는 것과 모르는 것의 차이를 만드는 것은 무엇인가요?
- 누가 가짜 뉴스를 퍼뜨렸나요?
- 누가 좋은 질문을 던졌나요?
- 누가 기사를 내보내기 전에 사실을 확인했나요?
- 누가 빠르게 기사를 내보내는 것만 생각했나요?
- 누가 실수를 했나요?
- 실수했을 때 누가 누구에게 사과했나요?

그렇게 하면 차츰 나에게 중요한 미디어를 선택하는 방법을 알게 될 거예요. 또 누가 어떤 기자인지 알아볼 수 있겠지요. 예를 들어 어떤 신문사의 정치 노선에 반대하지만, 그 신문사의 법률 전문 기자는 일을 잘한다고 생각할 수도 있어요. 그러면 신문에서 그가 쓴 기사를 찾아 읽게 될 수도 있지요. 그 기자의 SNS도 지켜볼 수 있어요. 페이스북이나 트위터는 정확한 정보를 얻는 수단으로 쓰기에는 위험하지만, 최고의 기자들을 지켜보고 좋은 기사를 구분하는 데는 매우 훌륭한 도구이기도 하니까요.

특종! 수상한 기자들

초판 1쇄 2018년 7월 2일 | **초판 3쇄** 2022년 3월 28일
글 다비드 그루아종, 피에랑젤리크 슐레 | **그림** 로낭 바델 | **옮김** 권지현
펴낸이 양정수 | **편집진행** 박보람 | **편집** 최현경, 윤수지 | **디자인** 구민재page9 | **마케팅** 양준혁
펴낸곳 도서출판 노란상상 | **등록** 2010년 1월 8일 제 2010-000027호
주소 서울시 영등포구 양평로 157, 1311호
전화 02-797-5713(영업부), 02-2654-5713(편집부) | **팩스** 02-797-5714
전자우편 yyjune3@hanmail.net

ISBN 979-11-88867-09-7 73300

※ 이 책의 국립중앙도서관 출판사도서목록(cip)은
 e-CIP 홈페이지(http://www.ni.go.kr/ecip)에서이용하실 수 있습니다.
 (CIP제어번호 : CIP2018015643)

※ 책값은 뒤표지에 있습니다.

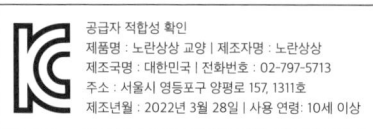

※ KC 마크는 이 제품이 공통 안전 기준에 적합하였음을 의미합니다.
※ 책의 모서리가 날카로워 다칠 수 있으니 던지거나 떨어뜨려 다치지 않도록 주의하세요.